BEI GRIN MACHT SICH IHR WISSEN BEZAHLT

- Wir veröffentlichen Ihre Hausarbeit,
  Bachelor- und Masterarbeit

- Ihr eigenes eBook und Buch -
  weltweit in allen wichtigen Shops

- Verdienen Sie an jedem Verkauf

Jetzt bei www.GRIN.com hochladen
und kostenlos publizieren

Andrea Budzynski

Max Weber und Rational Choice

Ein Vergleich

GRIN Verlag

Bibliografische Information der Deutschen Nationalbibliothek:

Die Deutsche Bibliothek verzeichnet diese Publikation in der Deutschen National-bibliografie; detaillierte bibliografische Daten sind im Internet über http://dnb.d-nb.de/ abrufbar.

Impressum:

Copyright © 2008 GRIN Verlag GmbH
Druck und Bindung: Books on Demand GmbH, Norderstedt Germany
ISBN: 978-3-656-37289-9

Dieses Buch bei GRIN:

http://www.grin.com/de/e-book/208926/max-weber-und-rational-choice

GRIN - Your knowledge has value

Der GRIN Verlag publiziert seit 1998 wissenschaftliche Arbeiten von Studenten, Hochschullehrern und anderen Akademikern als eBook und gedrucktes Buch. Die Verlagswebsite www.grin.com ist die ideale Plattform zur Veröffentlichung von Hausarbeiten, Abschlussarbeiten, wissenschaftlichen Aufsätzen, Dissertationen und Fachbüchern.

Besuchen Sie uns im Internet:

http://www.grin.com/

http://www.facebook.com/grincom

http://www.twitter.com/grin_com

Die Emergenzkonstellation bei Max Weber und Rational Choice im Vergleich

von: Daniel Budzynski

Datum: 23. März 2008

Veranstaltung: AM 2 - Einführung in die Soziologische Theorie

Ein-Fächer-Bachelor
Sozialwissenschaften

Inhaltsverzeichnis

1. Einleitung

Aus dem Fundus vieler Theoriemodelle werden in dieser Arbeit die Theorie von Max Weber und von Rational Choice dargestellt und in Verbindung gesetzt. Um zunächst einen guten Einblick in die einzelnen Modelle zu bekommen, werde ich die wesentlichen Aspekte darstellen und auch bei einigen für das Verständnis wichtigen Stellen ins Detail gehen. Nachdem ich nun erst Max Weber und Rational Choice behandelt habe, versuche ich eine Gegenüberstellung der beiden Theorien zu konstruieren und prägnant ihre Gemeinsamkeiten/Ähnlichkeiten wie auch Unterschiede aufzuzeigen. Dabei werde ich zunächst auf die Beziehung von Ego und Alter zueinander eingehen, bevor ich die Entstehung von emergenter Ordung durch die Akteurskonstellationen beleuchten will. Zum Schluss werde ich mit einem Fazit meine Arbeit resümieren.

2. Max Weber

Zunächst sollte klar sein, was „Handeln" und „Soziales Handeln" nach Max Weber überhaupt bedeutet. Unter „Handeln" versteht er, dass ein Handeln (Tun, Unterlassen Dulden) subjektiv für den Handelnden einen Sinn ergibt. „Soziales Handeln" jedoch beschreibt ein Handeln, das orientiert ist am vergangenen, gegenwärtigen oder zukünftig erwarteten Handeln anderer und für den Handelnden einen Sinn ergibt. Das Handeln verbinden dieser Definition nach die Bestandteile des „menschlichem Verhaltens" und des „subjektiven Sinnes" (Vgl.Schneider 2005: 21).

Die Soziologie soll nach Weber der Aufgabe nachkommen, soziales Handeln zu deuten und zu verstehen und dadurch ursächlich zu erklären. Wenn also eine Handlung ohne einen subjektiven Sinn als Handlung definiert ist, ist es eine nahezu unlösbare Aufgabe hier ein Sinnverständnis hervorzurufen und eine kausale Erklärung zu liefern. Es würde der zentrale Punkt der Soziologie fehlen (Vgl.Schneider 2005: 23). Der subjektive Sinn des Handelnden oder der dem Handelnden zugeschrieben wird, ist es, der eine Handlung zu einer „Handlung" macht (Vgl.Schneider 2005: 24).

Um einen Sinn zu verstehen, gibt es die Möglichkeit des aktuellen Verstehens und des Motivationsverstehens. Beim aktuellen Verstehen geht es darum, die Handlung zu beobachten. Das Lesen eines Buches ist also eine Handlung, die aktuell zu verstehen ist. Es geht hierbei um die Fragestellung: „Was" hat der Handelnde getan? Das Motivationsverstehen, was man auch als erklärendes Verstehen bezeichnen kann, beschäftigt sich mit der Fragestellung „Warum" tut der Handelnde etwas. Wenn der Beobachter also zu dem Schluss kommt, dass die Person das Buch liest, weil sie lesen oder sich bilden will, oder einfach Interesse am Buch hat, dann ist dies als Motivationsverstehen zu bezeichnen da es die Motivation der handelnden Person beschreibt. Man wird jedoch vermutlich nie zu einer endgültigen Klärung eines Motivationsverstehens kommen können, da man im Regelfall nur einen Moment als Beobachter sieht. Eine Handlung hat ein Motiv; dieses Motiv hat häufig noch ein übergeordnetes Motiv und verschiedene Handlungsschritte und Untermotive. Somit ist es schwierig, ein gesamtes abschließendes Motivationsverstehen zu erreichen (Vgl.Schneider 2005: 25ff). In diesem Motivationsverstehen finden sich vier verschiedene Handlungstypen wieder.

1. Zweckrationale Handlung: diese beinhaltet, dass der Handelnde ein klares Ziel vor Augen hat und die bestmögliche Handlungsalternative unter Berücksichtigung und Abwägung von Zweck, Mitteln und Nebenfolgen wählt, wenn das bestmögliche erwartete Ergebnis ermittelt wurde.

2. Wertrationale Handlung: hierbei ist nicht der Grundgedanke, durch eine Handlung ein bestimmtes Ziel zu erreichen, sondern die Handlung selbst ist schon das Ziel. Der Erfolg ist zweitrangig. Die Handlungen sind meist ethisch, ästhetisch oder religiös orientiert.

3. Affektuelle Handlung: diese geschieht aus Emotion heraus, es sind Handlungen, die aus dem Affekt und aus Gefühllagen kommen. Der Handelnde macht sich keine Gedanken um die Wahl der Mittel. Er greift zum nächst verfügbaren Mittel, um in einer Situation sein Ziel zu erreichen (Vgl.Schneider 2005: 49).

4. Traditionelle Handlung: Auch bei den traditionellen Handlungen macht sich der Handelnde keine Gedanken über mögliche Handlungsalternativen. Er handelt jedoch nicht emotional sondern gewohnheitsmäßig. Er handelt nach einem bestimmten Schema, das er sich durch Erfahrungen und eingelebte Gewohnheiten angeeignet hat.

Das zweckrationale Handeln steht in der Rangfolge der vier Handlungsvarianten an erster Stelle. Im Folgenden werden die restlichen drei Handlungstypen ihrem Grad der Relevanz entsprechend aufgeführt und wieweit sie in ihrem Typus vom zweckrationalisiertem Handeln abweichen.

Das zweckmäßige Handeln ist immer an Zweck, Mitteln und Nebenfolgen orientiert. Es gliedert sich in drei Rationalitätsaspekte.

„1. Die Erreichbarkeit des angestrebten Ziels unter den Bedingungen der gegebenen Handlungssituation; 2. Die Tauglichkeit der verwendeten Mitteln; 3. Die Abwägung der

Nebenfolgen, die jedes Handeln unabhängig vom angestrebten Ziel auch noch zur Folge hat."(Schneider 2005: 50) Um ein Ziel zu erreichen, gibt es meistens mehrere zur Verfügung stehende Mittel. Zweckrationales Handeln bedeutet demnach das bewusste Abwägen der Tauglichkeit der einzelnen Mittel. Das Mittel, welches in den Augen des Handelnden am effektivsten ist wird dann bewusst ausgewählt. Die Entscheidung schließt also immer die Nebenfolgen in Bezug auf andere Ziele mit ein. Es soll durch die Wahl der Mittel ein bestmögliches Ergebnis erzielt werden (Vgl.Schneider 2005: 50).

Ein anderes Kriterium für eine Entscheidung kann sein, dass verschiedene Ziele zur Verfügung stehen, die verfolgt werden können. Hier wird abgewogen, welches Ziel die höchste Priorität hat oder welches der Ziele vielleicht anderweitig erreicht werden kann (Vgl.Schneider 2005: 51).

Beim traditionellem Handeln steht der Eigenwert der Handlung im Vordergrund. Die Meinung, eine Handlung aus Pflicht zu tun, definiert den Eigenwert (Vgl.Schneider 2005: 51). Laut Weber ist traditionales Handeln kein „sinnhaftes" Handeln, weil es ohne Reflexion auf schon bekannte Reize geschieht. Er bezeichnet es auch als das schon immer Vorhandene.

Bei wertrationalem Handeln handelt der Akteur nach eigenen, sich selbst gestellten Geboten. Wenn der Handelnde so handelt, wie es von ihm erwartet wird, dann erfüllt die Handlung keinen Zweck oder Ziel, sondern die Handlung selber ist der Zweck oder das Ziel. Der Wert liegt in der Handlung selber ohne Rücksicht und Beachtung der möglichen Unterziele und Nebenfolgen einer Handlung. Die alternativen Mittel und die möglichen Nebenfolgen können durchaus bewusst wahrgenommen werden und es können durchaus Konflikte mit anderen Zielen und Werten entstehen. Das besondere jedoch am wertrationalen Handeln ist, dass der Handelnde ganz bewusst diese Faktoren bei der Handlung ausschließt (Vgl.Schneider 2005: 52).

Die bisher beschriebenen Handlungsmotivationen unterscheiden sich allein schon durch das „rational" von den nun folgenden Handlungsmotivationen (Vgl.Schneider 2005: 52).

Unter dem affektuellen Handeln versteht man Reagieren auf einen Reiz, der nicht vorhersehbar war. Es umfasst sowohl spontanes Handeln sowie auch das ungehemmte Reagieren auf einen außeralltäglichen Reize. Es sind im Gegensatz zu den ersten beiden Handlungsmotivationen nicht die Worte „Zweck und Mittel" zentral, sondern „sinnfrei" steht im Mittelpunkt. Das Handeln zwischen Reiz und Reaktion erfolgt ohne einen logisch nachvollziehbaren Sinn.

Affektuelles Handeln und traditionelles Handeln bewegt sich häufig jenseits der Grenze von Sinn und Bewusstsein (Vgl.Schneider 2005: 52f).

Max Weber versteht die Soziologie als eine Wissenschaft, deren Aufgabe es ist, soziales Handeln zu deuten und zu verstehen. Weber passt also die Definition von Handeln seinem

Verständnis von Soziologie an, indem er das Handeln eines Menschen nur dann als Handeln begreift, wenn es einen subjektiven Sinn ergibt und wenn dem Handelnden von seiner Umwelt ein Sinn zugesprochen wird. Denn ein Handeln ohne Sinn zu verstehen und zu deuten wäre eine unlösbare Aufgabe.

Weber teilt Handlungsmotivationen in zwei Hauptbereiche zum einen das rationale Handeln und das intuitive Handeln. Dies ist nach seiner Definition die Basis, die den subjektiven Sinn eines Handelns ergibt.

Eine Unterform des sozialen Handelns stellen soziale Beziehungen dar. Soziale beziehungen sind wechselseitig aufeinander abgestimmtes soziales Handeln von meheren Akteuren. Diese Beziehungen beinhalten kleinere Beziehungen wie Freundschaft, aber auch große soziale Gebilde wie Verwaltung oder Staat. Weber unterscheidet weiterhin noch zwischen konfliktionären und konsensionellen Beziehungsformen der Vergemeinschaftung und Vergesellschaftung. Vergemeinschaftung sind soziale Beziehungen, die auf subjektiv gefühlter Zugehörigkeit der Beteiligten beruht. Vergesellschaftung hingegen bezeichnet soziale Beziehungen, die auf wert- oder zweckrational motivierten Interessensausgleich oder aus ebenso motivierter Interessensbindung beruhen. Soziale Beziehungen lassen sich auch in symmetrisch und asymmetrisch unterscheiden. In symmetrischen Beziehungen erkennt ein Akteur den anderen nicht als überlegen an, wo hingegend in asymmetrischen Beziehungen klar sich der eine klar dem Überlegenen unterordnet. Herrschaft setzt sich laut Weber aber nicht nur aus Macht zusammen, sondern er setzt auch die anerkannte Legitimität vom Herrscher voraus.

3. Rational Choice

Rational Choice ist ein verschiedene Varianten umfassendes Theorieprogramm, das als Kern die These vertritt, dass Handlungen die rationale Verfolgung von Interessen sind.

Hierbei geht man davon aus, dass der Akteur die ihm sich bietende Handlungsalternative wählt, welche ihm auf maximale Weise zufrieden stellt. Grundelemente des ökonomischen Handlungsmodells sind die Berücksichtigung von Kosten und die Nutzenmaximierung. Dabei ist der Akteur ausschließlich auf den eigenen Vorteil bedacht und keinen Normen unterworfen. Normkonform handelt jener nur, wenn für ihn der Nutzen der Befolgung von Normen die Kosten der selben übersteigt. Weiterhin sind auch eine klare Präferenzordnung der eigenen Handlungsziele und volle Information über alle Handlungsbedingungen und -möglichkeiten

Basis des ursprünglichen Rational Choice, welches aber auf Grund der Realitätsferne verworfen wurde. Mittlerweile geht man von variablen Präferenzen und unsicheren Handlungsbedingungen aus. Das führt dazu, dass der Akteur nun den ihm bekannten Handlungsalternativen einen Nutzen beimisst und ihre Eintrittswahrscheinlichkeit berücksichtigen muss. Die so genannte SEU-Theorie macht es möglich, rechnerisch seine optimale Handlungsalternative zu wählen. Dazu multipliziert man den erwarteten Nutzen der Handlungsalternative mit der Eintrittswahrscheinlichkeit derselben. Der Eintrittswahrscheinlichkeit schreibt man einen Wert von 0 (nicht zu erwarten) bis 1 (völlig sicher) zu. Das Ergebnis mit dem höchsten SEU-Wert ist demnach dann auch die optimale Handlungsalternative mit größtem Nutzen für den Akteur.

Nun geht es um die Frage wie sich eine soziale Ordnung bei total egoistisch denkenden Akteuren herstellen lässt. Eine Herangehensweise dabei ist die Spieltheorie, die das Verhalten von Akteuren innerhalb sozialer Beziehungen modelliert. Als Grundlage wird angenommen, dass es sich um völlig egoistische Akteure handelt, die über eine klar strukturierte Präferenzordnung verfügen. Jede Handlungsmöglichkeit des ersten Akteurs wird mit jeder des zweiten Akteurs kombiniert und dem jeweiligen Akteur ein Nutzen für sämtliche Kombinationen zugeschrieben. So wird das Beispiel zweier Autofahrer herangezogen, die sich auf einer Landstraße entgegenkommen ohne von Regeln, Absprachen oder sonstiger Kommunikation beeinflusst zu sein. Rationale Akteure würden also versuchen, jede Information als Anhaltspunkt wählen, um ihre Entscheidung zu beeinflussen. Da der Nutzen für beide Akteure bei egoistischem und rational besten Vorgehen, dem Ausweichen auf jeweils unterschiedliche Seiten, maximal ist, könnten sich diese Akteure bei wiederholtem Aufeinandertreffen an der ersten Begegnung orientieren und eine soziale Norm entstünde. Auch wenn Regeln existieren würden, wäre es für beide Akteure rational, sich an diese zu halten, um ihren Interessen gerecht zu werden. In diesem Spiel kann also kein Akteur einen Vorteil durch die Schädigung seines Gegenüber ziehen.

Das Gefangenendilemma dreht sich um zwei von der Polizei verhaftete Straftäter, denen man nicht alle Straftaten nachweisen kann und die Verdächtigen deshalb mit einem Trick zu überlisten sucht. So werden die beiden Gefangenen getrennt, ohne vorher Kontakt zu haben, befragt und ihnen bei Belastung des Komplizen eine Kronzeugenregelung versprochen, mit der sie straffrei aus der Sache rauskommen würden, sofern der Komplize nicht ebenfalls von jener Gebrauch macht. Die Strafen würden für beide zwei Jahre betragen, wenn sie schweigen und sechs Jahre, wenn sie beide gestehen. Da davon ausgegangen wird, dass beide Gefangenen Egoisten sind, ist zu erwarten, dass sie in jedem Fall "Gestehen" wählen, um unabhängig von ihrem Komplizen maximalen Erfolg zu haben, und nicht auf einen kollektiven Nutzen fixiert sind, den sie durch gemeinsames Schweigen erlangen würden.

Diese Situation würde sich durch eine eingeführte Norm jedoch stark verändern, wenn nämlich "Gestehen" mit einer Sanktion ihrer Organisation oder ähnlichem belegt würde, die den Nutzen einer Missachtung der Norm übersteigen. Eine solche Norm wäre für eine Organisation wie die Mafia für jedes Mitglied eine nützliche Sache. Doch das Problem ist nicht völlig gelöst, da es auch Leute geben muss, welche die Sanktionen vollziehen müssen. Ein rationaler Akteuer würde also als Trittbrettfahrer von einer solchen Norm profitieren wollen ohne sie zugleich durch eigene Hilfe zu unterstützen. Dieses Trittbrettfahrerproblem lässt das Gefangenendilemma auf ein n-Gefangenendilemma ausweiten, welches den Akteur den übrigen Organisationsmitgliedern gegenüberstellt. Die Werte für ein Profitieren einer Norm werden mit "5" festgelegt und das Beteiligen mit "-1", da Kosten aufgewendet wurden. Kommt die Norm nicht zum Tragen oder beteiligt sich der Akteur nicht an dieser, wird ihm der Wert "0" zugeteilt. Ausgehend von diesen Bewertungskriterien ist es für den einzelnen Akteur immer von Vorteil, sich nicht an einer Sanktionierung zu beteiligen, da er entweder maximalen Gewinn oder im schlechtesten Fall ohne Verlust davonkommt.

Das Problem der Sanktionskosten kann man jedoch angehen, indem man die Art von Sanktionen verändert und "passive" Sanktionen verhängt. Als Beispiel dafür würde das ausser Acht lassen fungieren, welches unter Umständen einen hohen Schaden bei dem Betroffenen bedeuten würde, jedoch ohne das Sanktionskosten anfallen. Da dies nur funktioniert, wenn der Betroffene austauschbar ist, muss auch manchmal auf "heroische Sanktionen" zurückgegriffen werden. Der Sanktionsausübende könnte durch finanzielle Entlohnung die Kosten, die für ihn anfallen, akzeptieren und die Zahlungen würden auf alle übrigen Mitglieder umgelegt, welche dann nur geringe Kosten hätten. Aber auch normierte Strafen wie der Spießrutenlauf oder das Steinigen, die selbst schon Pflicht sind, verursachen nur geringe Kosten für die Beteiligten und ermuntern so zum Sanktionieren.

Rational Choice versucht auch zu erklären, wie rational handelnde Egoisten dazu kommen, Verträge einzugehen. Bei einem Spiel wird schnell klar, dass es immer rational ist zu betrügen, da man ähnlich wie beim n-Gefangenendilemma entweder hohen Gewinn macht oder nichts verliert. Erweitert man aber nun das Spiel zu einem iterierten Gefangenendilemma, das über mehrere Runden geht wird das komplexer. Langfristig würde sich die Einhaltung der Verträge lohnen, da man sonst den Vertragspartner verliert oder selbst betrogen wird. Wenn man dazu noch in einem sozialen Gefüge wie einer Kleinstadt integriert ist, hat man noch stärkere Sanktionen zu befürchten. So kann man auch ohne Sanktionsinstanzen eine durch Klatsch geführte Sanktionierung durch so genannte Kommunikationsnetzwerke, erreichen. Netzwerke sind somit ein Kostenersparnis.

"Grenzen rationaler Kalkulation in Situationen doppelter Kontingenz und die Notwendigkeit von sozio-kulturell vorgegebenen Erwartungserleichterungen" sollen als nächstes beleuchtet werden. Rational Choice versucht Gedanken von verschiedenen Theoretikern wie Garfinkel und Parsons zu integrieren und sieht Regeln und Normen als Vorraussetzung für gelingende Kooperation. Um nicht ewig Informationen für die kleinsten Entscheidungen sammeln und auswerten zu müssen, sind Erwartungserleichterungen erforderlich, um die Kosten in Form von Zeit zu senken. Das Kernproblem ist hier, dass einem Informationen fehlen, die eine zuverlässige Antizipation der Reaktion des anderen erlauben. Als Beispiel ist hier ein Studienanfänger anzuführen, der rational denkend versucht, das optimale Studienfach für sich zu finden. Da er in den Medien hört, in fünf Jahren suche man Informatiker auf dem Arbeitsmarkt, wäre es rational sich für ein solches Studium zu entscheiden. Andererseits müsste er davon ausgehen, dass diesen Bericht viele andere Studienanfänger zur Kenntnis genommen haben und deswegen kein Nachfrageüberhang bestehen würde. So müsste seine Entscheidung für einen anderes Fach ausfallen. Da er diese Überlegung auch den anderen zugestehen muss, gerät er in einen Kreislauf, aus dem er kein Ergebnis rational erlangen kann. Letztendlich muss er sich anhand seiner Fähigkeiten überlegen, ob er vielleicht größere Chancen auf einen Job als Informatiker hätte als die anderen und auch kalkulieren, dass dieses Fach nicht jeder mag, auch wenn es Erfolgsaussichten hat.

Sozio-kulturelle Deutungsmuster sind Voraussetzung, um überhaupt eine Situation nachhaltig zu interpretieren und eine Nutzenmaximierung zu vollziehen. Diese Situationsdefinitionen können auch automatische Verhaltensmuster abrufen, wie zum Beispiel das scharfe Bremsen an einer roten Ampel. Solche Reaktionen und Routinen sind ein Kostenersparnis für den Akteur, aber Rational Choice muss demnach erst erklären, dass es einen Rationalitätszusammenhang bei diesen Handlungen gibt.

Hartmut Esser versucht dies mit Hilfe von Frameselektionen zu beweisen. Demnach hat der Akteur gelernt Merkmale in seiner Umgebung zu deuten, um Informationen zu erhalten. Die Wahrnehmung der Frames führt zu einer Situationsdefinition. Frames sind bestimmten Scripts (mögliche Handlungsalternativen) zugeordnet. Die Frameselektion kann auf zwei Weisen geschehen. Entweder spontan-automatisch, was bedeutet, dass ein gedankliches Modell ohne Abwägung ausgewählt wird oder reflexiv-kalkulativ, was die Bildung einer Intention meint, systematisch die Handlungskonsequenzen durchzugehen. Passt eine Situation vollständig zu einem Frame, ist der "Match" 1 und der spontan-automatische Modus wird aktiviert. Ist der

Match nicht 1, muss der refelexiv-kalkulative Modus eingeschaltet werden, der dann Nutzen und Kosten abwägt. Das erste Problem ist allerdings, dass im spontan-automatischen Modus keine subjektiv-intentionale Realität zu erkennen ist und man schwer eine neuronale Funktion des Gehirns als rationale Entscheidung interpretieren kann. Man könnte aber beobachtend eine objektiv-rationale Rationalität im Nachhinein erkennen.. Was Esser weiter nicht bedachte, sind aber die Kosten für den reflexiv-kalkulativen Modus, die bei der Abwägung anfallen, welche Möglichkeit nun mit welcher Wahrscheinlichkeit eintritt und welchen Nutzen diese tragen würden. Wenn man aber die Kosten dieses Prozesses nochmal mit dem Nutzen des Ergebnisses abwägen muss, entstehen laufend neue Beobachtungsregresse, die schwer zu lösen sind.

Bei der WE-Theorie stellt sich auch ein Problem mit dem subjektiven Benennen von Wahrscheinlichkeiten. So wird bei der Spieltheorie zwischen sicherer Wahrscheinlichkeit ($p=1$), Risiko ($0<p<1$) und Unsicherheit ($p=$unbekannt) unterschieden. Bei einer unbekannten Wahrscheinlichkeit muss man alle Alternativen als gleich wahrscheinlich setzen. Nun hängt es an den Akteuren, wie sie sich entscheiden, da ein Pessimist mit dem Eintritt der schlechtesten Alternative rechnet und demnach die Alternative wählt, welche ihm geringst möglichen Verlust bereitet. Ein Optimist im Umkehrschluss verhält sich genau umgekehrt. Als dritte Möglichkeit gibt es noch den Akteur, der sein maximal mögliches Bedauern minimieren will, indem er seinen realisierten Nutzen mit dem Nutzen vergleicht, der durch andere Handlungsalternativen erreicht werden könnte. Als drittes Problem von Rational Choice ist also die Unsicherheit zu nennen. Man kann nie wissen, wann man genug oder die wichtigsten Informationen gesammelt hat.

4. Der Vergleich der Theorien von Max Weber und Rational Choice

Nachdem nun in den beiden Kapiteln zuvor ein Einblick in die Theorien von Max Weber und Rational Choice gewonnen werden konnte, werden diese Theorien nun miteinander verglichen und sowohl Gemeinsamkeiten als auch Unterschiede aufgezeigt.

Da Rational Coice und auch Esser mit seiner gedanklichen Neugestaltung auf Weber zurückgreifen, sind einige Parallelen zu erkennen, doch gleichzeitig bestehen auch deutliche Unterschiede und Differenzen.

Die Emergenzkonstellation soll dabei der Bezugspunkt für den Vergleich der beiden Theorien sein, die sich in zwei verschiedene Ebenen unterteilt: Zum einen der Konstellationsvergleich von Ego und Alter und die Frage der Sinnkonstitution, zum anderen das Verhältnis der Akteure in einer emergenten Ordnung. Zunächst möchte ich den Begriff der Emergenz erläutern, um das

Verständnis zu erleichtern. Der Begriff Emergenz hat seine Wurzeln im lateinischen Wort "emergere", was auftauchen, hervorkommen heisst. So wird Emergenz als eine spontane Herausbildung von Phänomenen oder Strukturen bezeichnet (Wikipedia).

In der Soziologie beschreibt man damit das Phänomen, dass in diesem Fall soziale Ordnung nicht auf die Eigenschaften seiner Akteure zurückgeführt werden kann. Handlungen von einzelnen Akteuren können also nicht mit der sozialen Ordnung verknüpft werden.

4.1 Das Verhältnis von Ego und Alter

In diesem Abschnitt versuche ich die Konstellation zwischen Ego und Alter zu beleuchten. Max Weber versteht Akteure als Kulturmenschen, die sozial handeln, mit der Fähigkeit und dem Willen begabt sind, bewusst zur Welt Stellung zu nehmen und ihr einen Sinn zu verleihen (Fend 2005: 138)." Diese handelnden Akteure können sich immer in einer Situation der doppelten Kontingenz befinden, was bedeutet, dass sie nicht wissen, was ihr Gegenüber von ihnen erwartet und wie er das Handeln von Ego nun interpretiert. So ist die Annahme Egos, was Alter tut Laut Weber existieren vier unterschiedliche Handlungstypen. Das zweckrational, wertrationale, traditionale und affektuelle Handeln. Um nun ein Verständnis zwischen Ego und Alter herzustellen, bedarf es Erwartungserleichterungen in Form von sozialer Ordnung.

Als Gegensatz zu den vier Handlungstypen ist Ego und Alter in der Rational Choice – Theorie ein jeweils egoistischer Akteur, der über seine Handlungsalternativen vollkommen Bescheid weiß, eine Präferenzordnung seiner Bedürfnisse hat und die Handlungsalternative wählt, welche ihm den maximalen Nutzen einbringt, ohne sich dabei um das Befinden von Alter zu bemühen. Die bei Rational Choice zu findende Nutzenmaximierung lässt sich bei Weber in dem zweckrationalen Handlungstyp wiederfinden. Ebenso wie die Akteure bei Weber ist es dem Akteur bei Rational Choice auch sehr wichtig, auf Erwartungserleichterungen zurückzugreifen, um sein Handeln besser gestalten zu können. Nach dem Motto man kann nur gut betrügen, wenn man weiß, was der andere vor hat ist das Problem doppelter Kontingenz bei Rational Choice mehr darauf ausgelegt, Erwartungssicherheit zu schaffen, um seine eigenen Ziele egoistisch durchsetzen zu können. Laut Rational Choice können auch Normen ohne explizite Absprachen oder Vereinbarungen zustandekommen. Die Entstehung einer Norm ist Folge von Zufällen durch Verabredung oder auch Nachahmungen bereits erfolgreicher Lösungsansätze. Um Erwartungssicherheit zu bekommen, müssen Normen auch durch Sanktionen gesichert werden, die wiederum Kosten für den Ausübenden verursachen. Da Normen Kollektivgüter sind, ist es für rationale Akteure logisch diese durch Trittbrettfahrer zu nutzen, ohne an deren Erhaltung beizutragen.

4.2 Die Akteure und die emergente Ordnung

Bei der Frage nach dem Verhältnis der Akteure zu der emergenten Ordnung kann man bei beiden Theorien zunächst feststellen, dass es sich in beiden Fällen um Handlungstheorien handelt. Emergenz bedeutet, dass bestimmte Eigenschaften von Gruppen nicht völlig durch Eigenschaften der beteiligten Mitglieder, sondern nur durch Berufung auf Struktureffekte als Folge von Interdependenz erklärt werden können. Dies bedeutet, dass die emergente Ordnung auf die Beziehung der Handlungen und Erwartungen von Ego und Alter zurückzuführen ist, welche dieses soziale Gefüge auch gleichzeitig ausmachen. Wenn soziale Ordnung durch Handlungen von Akteuren erklärt wird, herrscht eine schwache Emergenz.

Weber versucht durch das Nachvollziehen von individuellen Handlungsmotiven soziale Phänomene zu erklären. Dabei spielt bei Weber das soziale Handeln eine zentrale Rolle, welches sich am Verhalten von anderen Akteuren orientiert. In seinen Erklärungsversuchen steht er ständig dem Problem doppelter Kontingenz gegenüber, das die laut Weber benötigten sicheren Erwartungen, die vor allem bei zweckrationalem Handeln eine sehr wichtige Rolle spielen, teilweise nicht sichern kann. "Soziale Beziehungen werden als Unterform des sozialen Handelns bestimmt und als ein seinem Sinngehalt nach aufeinander bezogenes Tun mehrerer definiert (Maurer 2006: 340)." Soziale Beziehungen entstehen demnach aus dem Handeln einzelner Individuen, die sich laut Weber dabei an Interessen, Gewohnheiten, Affekten oder auch an Verpflichtungen orientieren und eine soziale Norm bilden, welche eine Art Handlungsrahmen webt, an dem sich die Akteure orientieren können. Regeln und Normen beziehungsweise eine Ordnung sind seiner Meinung nach Voraussetzung für das Gelingen sozialer Beziehungen. Gerade wenn soziale Interpendenzen wie zum Beispiel das rationale Zweckhandeln vieler auftreten, sind Regeln von Nöten. Um diese Regeln auch aufrecht zu erhalten, setzt Weber auf sogenannte Sanktionsinstanzen, die um deren Einhaltung bemüht sind und eine emergente Ordnung herstellen.

Im Gegensatz dazu finden wir bei Rational Choice ein Modell, dass nicht von vier Handlungstypen ausgeht, sondern von einem Modell sozialer Ordnung für Egoisten, die ihr Handeln nur an eigenen Nutzenerwägungen und nicht beispielsweise an Traditionen orientieren (Maurer 2006: 343). Werte und Traditionen sind demnach für rationale Akteure unwichtig, solange sie ihnen keinen Vorteil oder etwa einen Nachteil einbringen. Soziale Ordnung wird versucht durch vorteilhafte und erfolgreiche Handlungskoordination von auf sich fixierten

Akteuren zu erklären. Klar strukturierte Präferenzlisten und vollständige Informationen über eine Situation und dann deren konsequent logisch, egoistische Ergebnisberechnung sind dabei nicht mit den von Weber genannten Erwartungserleichterungen eines sozialen Rahmens zu verwechseln.

Hartmut Esser unternimmt den Versuch, den Rational Choice – Ansatz zu erweitern und ihn an Weber heranzuführen, indem er auch die anderen drei Handlungstypen zu integrieren sucht. Dies gelingt durch das Modell der Frame Selektion, welche die SEU-Theorie oder das RREEMM-Modell erweitert hat.

Weiterhin stehen die materiellen Aspekte in Essers Modell im Vordergrund, doch es wird ebenfalls berücksichtigt, dass in bestimmten Situationen institutionelle Regeln oder auch Werte das Handeln des Akteurs leiten. Essers Ansatz dagegen kann man als stark emergent bezeichnen, da keine sinnförmige Deutung des Akteurs stattfindet. Neurophysiologische Mechanismen und routiniertes Alltagshandeln kommen zum tragen, indem ein gespeichertes Frame in einer Situation abgerufen wird.

Essers Modell vereint mehr die beiden Theorien von Weber und Rational Choice und ist deswegen auch nicht unbedingt als Vertreter der eigentlichen Rational Choice – Theorie zu sehen.

5. Fazit

In den obigen Kapiteln wurde nun sowohl Unterschiede als auch Parallelen am Bezugspunkt der Emergenz zwischen den beiden Theorien aufgezeigt. Während bei Weber die Erklärung von sozialen Handlungen im Rahmen einer sozialen Ordnung im Mittelpunkt steht, dreht es sich bei Rational Choice darum, optimal egoistisches Handeln durch Erwartungserleichterungen oder gar soziale Ordnung möglich zu machen. Esser hingegen möchte das einseitige Modell von Rational Choice erweitern und die drei weiteren Handlungstypen Webers in seine Theorie einbeziehen, um diese auch weg von theoretischen Modellen hin zu einem empirisch ernstzunehmenden Modell zusammenzufügen.

Bei dem Schreiben der Hausarbeit hatte ich Probleme, die Theorien direkt gegenüber zu stellen, da ich nicht immer geeignete Vergleichspunkte fand. Anbei sei noch bemerkt, dass ich im vierten Kapitel weniger auf Details eingehen wollte, da diese schon in der ausführlichen Beschreibung beider Theorien benannt wurden und den quantitativen Rahmen gesprengt hätten.

6. Literaturliste

Fend, Helmut (2005): Neue Theorie der Schule – Einführung in das Verstehen von Bildungssystemen, VS Verlag, Wiesbaden

Maurer, Andrea in Greshoff, Rainer und Schimank, Uwe (2006): Integrative Sozialtheorie? Esser – Luhmann – Weber, VS Verlag, Wiesbaden

Schneider, (2005)

Internetquelle:
http://de.wikipedia.org/wiki/Emergenz